ICS 93.080.99
R18

DB23

黑 龙 江 省 地 方 标 准

DB 23/T 2135—2018

公路沥青路面就地热再生技术规范

发　　布◎黑龙江省质量技术监督局
主　　编◎杨洪生　马松林　杨大永
副主编◎李鹏飞　曹丽萍　杨玉石

哈尔滨工业大学出版社

图书在版编目（CIP）数据

公路沥青路面就地热再生技术规范/杨洪生，马松林，杨大永主编. —哈尔滨：哈尔滨工业大学出版社，2018.12
 ISBN 978-7-5603-7893-0

Ⅰ.①公⋯ Ⅱ.①杨⋯ ②马⋯ ③杨⋯ Ⅲ.①沥青路面—再生路面—道路施工—技术规范 Ⅳ.①U416.217-65

中国版本图书馆 CIP 数据核字（2018）第 278703 号

责任编辑　王桂芝
出版发行　哈尔滨工业大学出版社
社　　址　哈尔滨市南岗区复华四道街 10 号　邮编 150006
传　　真　0451-86414749
网　　址　http://hitpress.hit.edu.cn
印　　刷　哈尔滨市工大节能印刷厂
开　　本　880mm×1230mm　1/16　印张 1.5　字数 50 千字
版　　次　2018 年 12 月第 1 版　2018 年 12 月第 1 次印刷
书　　号　ISBN 978-7-5603-7893-0
定　　价　35.00 元

（如因印装质量问题影响阅读，我社负责调换）

前 言

本标准按照GB/T 1.1—2009规定的规则起草。

本标准由黑龙江省交通运输标准化技术委员会提出并归口。

本标准主要起草单位：黑龙江省交通科学研究所、哈尔滨工业大学、黑龙江省高速公路管理局、龙建路桥股份有限公司、黑龙江森远大可公路养护有限公司、哈尔滨华通道桥技术开发有限责任公司。

本标准主要起草人：杨洪生、马松林、杨大永、李鹏飞、杨玉石、李军、梁旭源、刘振鹏、曹丽萍、王剑峰、幺辉、王艳、单丽岩、张志霞、任少辉、徐岩、于立泽。

目　次

1 范围 1
2 规范性引用文件 1
3 术语和符号 1
　3.1 术语 1
　3.2 符号 2
4 基本规定 2
5 旧路面调查 3
　5.1 一般规定 3
　5.2 交通调查 3
　5.3 旧路面评价 3
　5.4 就地热再生适用条件 3
6 材料 4
　6.1 一般规定 4
　6.2 沥青混合料回收料（RAP） 4
　6.3 新沥青 4
　6.4 沥青再生剂 4
　6.5 再生沥青技术指标要求 5
　6.6 集料 5
7 就地热再生沥青混合料配合比设计 5
　7.1 一般规定 5
　7.2 设计标准 5
　7.3 就地热再生沥青混合料配合比设计 5
8 就地热再生施工 6
　8.1 一般规定 6
　8.2 施工准备 6
　8.3 原路面病害处理 6
　8.4 原路面特殊部位处理 7
　8.5 试验路段铺筑 7
　8.6 机组施工 7
　8.7 压实 8
　8.8 横纵接缝处理 9

8.9 开放交通	9
8.10 工质量管理	9
8.11 工安全管理	10
8.12 查与验收	10
附录 A（规范性附录）旧路面调查	11
附录 B（规范性附录）沥青混合料回收料（RAP）取样与试验分析	13
附录 C（规范性附录）就地热再生沥青混合料配合比设计方法	15

公路沥青路面就地热再生技术规范

1 范围

本标准规定了公路沥青路面就地热再生技术的术语和符号、基本规定、旧路面调查、材料、就地热再生沥青混合料配合比设计及就地热再生施工。

本标准适用于公路沥青路面预防性养护工程的表面层再生，也可指导中面层的再生。

2 规范性引用文件

下列文件对于本文件的应用是必不可少的。凡是标注日期的引用文件，仅所标注日期的版本适用于本文件。凡是不标注日期的引用文件，其最新版本（包括所有的修改单）适用于本文件。

GB/T 25033　再生沥青混凝土
JTG E20　公路工程沥青及沥青混合料试验规程
JTG E42　公路工程集料试验规程
JTG E60　公路路基路面现场测试规程
JTG F40　公路沥青路面施工技术规范
JTG F41　公路沥青路面再生技术规范
JTG F80/1　公路工程质量检验评定标准　第一册　土建工程
JTG H10　公路养护技术规范
JTG H20　公路技术状况评定标准
JTG H30　公路养护安全作业规程

3 术语和符号

3.1 术语

下列术语和定义适用于本文件。

3.1.1 沥青混合料回收料　reclaimed asphalt pavement（RAP）

采用铣刨（包括现场热再生的热耙松）、翻挖等方式从沥青路面上收集得到的沥青混合料，亦称为旧沥青混合料。

3.1.2 旧沥青　old asphalt

沥青混合料回收料（RAP）中所含的老化沥青。

3.1.3 沥青混合料回收料（RAP）沥青含量　asphalt content in RAP

沥青混合料回收料（RAP）中沥青所占的质量百分比。

3.1.4 沥青再生剂　asphalt rejuvenating agent（RA）

用于恢复旧沥青混合料中老化沥青性能的添加剂。

3.1.5 再生沥青　rejuvenated asphalt

在老化沥青中掺入适量再生剂和（或）新沥青，经混合所得到的混合沥青。

3.1.6 沥青混合料回收料（RAP）矿料级配 gradation of aggregate in RAP

用抽提或者燃烧等方法除去沥青混合料回收料（RAP）中的沥青得到的矿料级配。

3.1.7 再生沥青混合料 recycled asphalt mixture

含有沥青混合料回收料（RAP）的沥青混合料。

3.1.8 再生沥青混合料级配 gradation of recycled asphalt mixture

沥青混合料回收料（RAP）中的矿料与新矿料的合成级配。

3.1.9 沥青混合料回收料（RAP）掺配比例 addition rate of RAP in recycled asphalt mixture

沥青混合料回收料（RAP）占再生沥青混合料总质量的百分比。

3.1.10 就地热再生 hot in-place recycling

采用专用设备，对旧沥青路面进行就地加热、翻松，掺入一定数量的再生剂和（或）新沥青（或新沥青混合料），经热态拌和、摊铺、碾压等工序，对旧路面表面层一定深度范围内的旧沥青混合料再生的技术。

3.1.11 复拌再生 remixing

将旧沥青路面加热、翻松，就地掺加一定数量的再生剂和（或）新沥青[或新沥青混合料（一般不超过30%）]，经热态拌和、摊铺、压实成型。

3.1.12 加铺再生 repaving

将旧沥青路面加热、翻松，就地掺加一定数量的再生剂和（或）新沥青（或新沥青混合料），拌合形成再生沥青混合料。再生复拌机的第一熨平板摊铺再生沥青混合料，再生复拌机的第二熨平板将新沥青混合料摊铺于再生沥青混合料之上，两层一起压实成型。

3.2 符号

下列符号适用于本文件。

RAP：沥青混合料回收料（旧沥青混合料）。

RA：沥青再生剂。

η：沥青黏度（Pa·s）。

4 基本规定

4.1 沥青路面就地热再生技术有适用条件，应根据实际情况选择该再生技术。

4.2 可根据工程需要采用道路石油沥青、改性沥青作为再生结合料。

4.3 就地热再生工程应严格按照现行建设管理规定进行设计、施工和质量控制及验收。

4.4 就地热再生应有施工组织设计，不得在日最低气温低于 10 ℃时施工，不得在路面潮湿状态及雨天施工。

4.5 为降低就地热再生施工温度（降低施工加热温度或在温度较低季节施工时），施工时可经过室内试验及现场试验验证后添加温拌剂。

4.6 根据工程需要，可采用在原路面再生厚度的基础上通过添加新料增加路面厚度的再生方式。

4.7 对于原路面为改性沥青或SMA的，应进行专门的试验研究和验证，再生混合料能够达到养护目标要求的，方可进行就地热再生。

4.8 原路面有稀浆封层、微表处、超薄罩面、碎石封层等罩面的，不宜直接进行就地热再生。就地热再生前，应先将其铣刨掉，或经充分试验分析后，做出有针对性的材料设计和工艺设计。

4.9 就地热再生后沥青路面的中修年限应延长 3~5 年。

5 旧路面调查

5.1 一般规定

5.1.1 拟进行就地热再生的路段应全面调查原路面的状况（见附录A），并做出综合分析评价，判定是否适合采用就地热再生技术。

5.1.2 原路面结构、面层类型不同的路段应分别进行调查与评价。

5.1.3 原路面沥青结合料为改性沥青时，宜进行专门的试验研究和验证。

5.2 交通调查

5.2.1 调查交通量大小、组成等，为施工时的交通组织提供依据。

5.3 旧路面评价

5.3.1 分析路面病害形成的原因，判定可用就地热再生工艺修复的病害和不能修复的病害以及比例。

5.3.2 通过路面的损坏、强度、平整度和抗滑性能等检测和评价结果，以及对旧沥青路面混合料相关性能的检测，确定路面是否适合就地热再生。

5.4 就地热再生适用条件

5.4.1 就地热再生适宜厚度为30～50 mm。适合就地热再生的基本条件参照表1的要求。

表1 适合就地热再生的基本条件

参数		适用范围	应用要点
路面结构强度		优良等级	按照JTG H20要求的标准评定，PSSI分值应≥80
路面损坏状况		优良等级	按照JTG H20要求的标准评定，PCI分值应≥85
车辙深度/mm	平均车辙深度	≤25	按照JTG H20规定的方法检测与评定
	沥青混合料向车道两侧挤压变形（隆起）	≤50	（1）采用复拌再生时，沥青混合料向车道两侧的挤压形成的车辙深度超过25 mm时，应事先将超过25 mm的凸出部分冷铣刨；（2）采用加铺再生时，沥青混合料向车道两侧的挤压形成的车辙深度最大值一般为25 mm
	磨耗形成的车辙	25	当面层的沥青混合料质量能够满足使用要求时，可采用加铺再生
旧沥青面层平均厚度/mm		≥70	再生层下面的沥青层厚度不小于30 mm，确保铣刨时不触及非沥青混凝土层；不超层再生
旧沥青针入度（0.1 mm）		≥20	采用加铺再生时，针入度下限为30

5.4.2 符合下列情形的路面，宜选择复拌再生：

a) 旧路面车辙深度较浅，掺加的新沥青混合料数量低于30%；
b) 旧路面沥青混合料材料比较均匀，再生施工质量易于控制；
c) 旧路面沥青混合料级配缺陷通过掺加有限的新沥青混合料可以改善,改善后适合用于路面表面层；再生沥青混合料质量能达到表面层要求；
d) 路面仅抗滑性能达不到标准，通过就地热再生能够达到标准。

5.4.3 符合下列情形的路面，应选择加铺再生：

a) 旧路面沥青层需要加铺新沥青混合料增加厚度；
b) 旧路面车辙深度较深，补充厚度需要掺加的新沥青混合料大于30%；

c) 旧路面表面层通过再生后不宜直接用于表面层。

6 材料

6.1 一般规定

6.1.1 用于就地热再生的再生剂、沥青、沥青混合料等各种材料,应满足设计文件及相关规范要求。
6.1.2 各种材料进场后须取样进行质量检验,经评定合格后方可使用。
6.1.3 原材料试验参照《公路工程沥青及沥青混合料试验规程》JTG E20、《公路工程集料试验规程》JTG E42 等规范执行。
6.1.4 应对沥青混合料回收料进行试验检测。

6.2 沥青混合料回收料(RAP)

6.2.1 应根据所设计的再生深度事先进行相应层位的旧沥青混合料取样,旧路面表面层不同的段落应分别取样。
6.2.2 沥青混合料回收料(RAP)检测项目与质量要求应按表2进行。

表 2 RAP 检测项目与质量要求

材料	检测项目	技术要求	试验方法
RAP	含水率	实测	见附录 B
	级配	实测	
	沥青含量	实测	
RAP 中的沥青	针入度(0.1 mm)	不小于 20	JTG E20
	60 ℃黏度	实测	
	软化点	实测	
	15 ℃延度	实测	
	5 ℃延度(改性沥青)	实测	
RAP 中的粗集料	针片状颗粒含量、压碎值	实测	JTG E42

6.3 新沥青

就地热再生所使用的新沥青技术性能及其存放要求应符合 JTG F40 的规定,宜与原路面使用的沥青性质相同。

6.4 沥青再生剂

6.4.1 应根据旧沥青老化程度和含量、再生剂与旧沥青的配伍性,经试验后,综合确定再生剂的品种及用量。
6.4.2 沥青再生剂试验按照 JTG E20 的相关方法执行,应满足 GB/T 25033 及表3的基本技术要求。

表 3 再生剂技术要求

试验项目	单位	质量要求	试验方法
运动黏度（60 ℃）	mm²/s	≥50	T 0619
闪点	℃	≥220	T 0633
饱和分含量	%	≤30	T 0618
芳香分含量	%	≥60	T 0618
TFOT 或 RTFOT 前后黏度比	%	≤3	T 0619
TFOT 或 RTFOT 质量损失	%	≤4	T 0609 或 T 0610
注：TFOT或RTFOT前后黏度比=试样TFOT或RTFOT后黏度/TFOT或RTFOT前黏度。			

6.5 再生沥青技术指标要求

根据使用场合不同，除延度指标外，再生沥青应分别满足JTG F40中道路石油沥青或聚合物改性沥青的技术要求。对再生沥青的延度指标可另行提出设计要求。

6.6 集料

6.6.1 新粗细集料质量，应满足《公路沥青路面施工技术规范》JTG F40 的规定。

6.6.2 单一粗、细集料质量不满足要求，经改良或配合比设计并经试验验证再生混合料性能满足JTG F40 要求的，可以使用。

7 就地热再生沥青混合料配合比设计

7.1 一般规定

7.1.1 就地热再生沥青混合料配合比设计采用与新沥青混合料配合比设计相同的设计方法。一般采用马歇尔设计方法。采用其他设计方法时，应采用马歇尔设计方法进行设计检验，满足要求时方可使用。

7.1.2 就地热再生沥青混合料可直接进行目标配合比设计，但应进行生产验证。配合比设计方法见附录C。

7.1.3 配合比设计及施工质量检验过程中马歇尔试验击实温度应与实施施工时摊铺温度相同。压实度的检验以当日实测最大理论密度为基准（含改性沥青）。

7.2 设计标准

7.2.1 就地热再生沥青混合料的设计级配一般采用与原路面表面层相同的级配类型。再生沥青混合料级配应满足 JTG F40 的要求。

7.2.2 再生沥青混合料技术指标应满足 JTG F40 及 JTG D50 的规定。

7.3 就地热再生沥青混合料配合比设计

7.3.1 复拌再生沥青混合料配合比设计一般需掺加新集料或沥青混合料，用以改善旧路面矿料级配，并填补由于车辙、横坡产生的缺料，一般不超过30%。

7.3.2 加铺沥青混合料配合比设计遵循新拌沥青混合料设计，与再生沥青混合料分别设计。

7.3.3 按附录B进行旧沥青路面材料取样。

7.3.4 根据本标准的要求，对旧沥青路面材料进行各项试验分析。

7.3.5 按附录C进行就地热再生沥青混合料配合比设计。

7.3.6 当仅对一条车道进行就地热再生时，应注意添加新料的数量，确保纵向接缝平顺。

8 就地热再生施工

8.1 一般规定

8.1.1 就地热再生设备应保证其技术性能满足使用要求，再生设备的噪声和废气排放应符合国家标准。

8.1.2 就地热再生施工前，施工单位应进行详细的旧路面调查，包括病害类型、数量和位置等。对旧沥青混合料性能进行取样试验，全面获取旧路面信息，以便再生施工时有针对性地制定保证施工质量的技术措施。

8.1.3 如果调查情况同设计文件差别较大，应及时通知监理单位，并向建设单位、设计单位反馈情况，及时变更设计。

8.1.4 施工前应做好工程周边环境和交通现状调查，制定周密的交通组织疏导方案；制作齐备的交通标志，配备相关人员；做好施工期间设备摆布、材料运输、施工顺序、施工方向、作业时间、环境保护、安全措施等工作。

8.1.5 在调查的基础上，制定详细的施工组织设计，保证就地热再生施工不间断，保证工程质量和施工安全。

8.2 施工准备

8.2.1 材料准备：

a) 新沥青混合料准备。新沥青混合料运距应合理，运输车辆数量应充足，不影响热再生连续施工；运输车辆应有良好的保温性能，以满足就地热再生耗用新沥青混合料较慢的特点。

b) 再生剂准备。再生剂应加热，加热温度可接近其允许的最高温度。应备足一天的用量以保证连续施工。

c) 燃料准备。设计安全的燃料添加方式、添加时间和地点，配备安全可靠的添加设备，配备足够数量的熟练操作人员，配备足够的消防器材，确保安全。

8.2.2 机械机具准备：

a) 做好所有机械设备的检修、调试和精度较准。

b) 根据情况，定期对所有设备进行检测、保养、维修。

8.2.3 应配备充足的施工人员，包括：路面工程师、机械工程师、机械操作手、工人、试（化）验人员、交通安全警戒人员等，所有人员施工前应进行相关培训、考核，合格后上岗。

8.2.4 所有工、料、机准备工作完成后，清扫路面，在路面再生宽度以外画再生设备行进导向线，亦可将路面边缘线作为导向线。

8.2.5 检验再生沥青混合料的各项技术指标是否达到设计要求。

8.2.6 检验新沥青混合料的各项技术指标是否满足要求，能否保证供应。

8.3 原路面病害处理

对就地热再生不能修复的路面病害，再生施工前应进行处理：

a) 坑槽类病害。如果坑槽类病害的深度超过热再生施工深度，再生前应挖补。

b) 变形类病害。根据再生设备的不同，变形深度为30～50 mm时，再生前应铣刨至30 mm以下，以确保再生施工时能翻松到变形最低处一定的厚度。

c) 裂缝类病害。龟裂和裂缝处碎裂的裂缝再生前应挖补。

d) 养护类病害。养护时挖补质量差（挖补处重新出现病害）的路面，再生前应予以重新挖补。

8.4 原路面特殊部位处理

8.4.1 桥梁伸缩缝处施工应事先用铣刨机沿行车方向将伸缩缝近端铣刨 1～2 m，远端铣刨 2～5 m，深度为 30～50 mm，再生施工时用新沥青混合料铺筑。

8.4.2 应在伸缩缝处覆盖有效的隔热板，并在伸缩缝内塞满浸水的棉布或棉线等，防止加热时损坏胶条。

8.4.3 井盖处施工应事先用铣刨机将井盖周围铣刨 1～2 m，深度为 30～50 mm，再生施工时用新沥青混合料铺筑。井盖标高低的，应在施工完成后另行提升标高。

8.4.4 应事先清除路面标线、文字以及突起路标等。

8.4.5 对于路面中央、两侧有绿化带的道路，应使用隔热防护板保护绿化带。

8.4.6 对于有路缘石的路面，若加热机无法加热到路面边缘，再生前应对距路缘石一定范围内的路面进行冷铣刨。视加热机情况铣刨宽度为 0.3～0.5 m，铣刨深度不超过再生深度，但不小于 30 mm。再生摊铺时一并填铺，注意备足填铺用混合料。

8.5 试验路段铺筑

8.5.1 施工正式开工前，应选取不小于 200 m 的路段作为试验路段，验证热再生施工情况是否与设计内容相符合。试验路段应包括以下技术内容：
 a) 检验前期准备工作是否充分。
 b) 检验各种施工机械的类型、数量及组合方式是否匹配，设备工况是否良好，是否满足施工要求。
 c) 检验各类施工人员数量是否足够，配备是否合理，人员之间是否协调。
 d) 确定加热温度、施工速度、翻松深度、再生剂喷洒方式和用量、摊铺方式、松铺系数、摊铺质量、路面压实度、平整度控制等各项技术参数。
 e) 检验完工后各项收尾工作是否顺畅，现场清理是否符合要求，设备停放是否安全有序。
 f) 检验各项安全措施是否有效，大规模施工是否安全，是否需要改进。检验各种后勤保障工作是否有力。

8.5.2 试验路段的铺筑应由各方共同参与，事前要有计划，事后要有总结，施工单位应提交完整详尽的试验段总结报告，报业主和监理批准，作为以后施工的指导。

8.6 机组施工

8.6.1 路面加热

8.6.1.1 应严格控制加热温度，既保证原路面充分加热，又不造成沥青过度老化。

8.6.1.2 控制设备间距及行走速度，减少热量损失。随时检查加热散热器或出风口，防止产生明火。

8.6.1.3 采取以下措施保证路面材料的加热温度：
 a) 加热结束后，原路面为基质沥青时，路表温度控制在 160～195 ℃；原路面为改性沥青时，路表温度应达到设计文件或试验段确定的温度；原路面为水泥混凝土路面加铺的，温度可相应降低 15 ℃左右。
 b) 协调行走速度和加热强度，使翻松面的温度控制在 80～100 ℃；当原路面为改性沥青时，应达到设计文件或试验段确定的温度。
 c) 每天施工前可将再生剂加热至不影响其质量的最高温度，并尽可能保持恒温。
 d) 当风力为 3～5 级时，如果加热机与地面间有空隙，应在迎风面加装挡风板，并适当将加热板向逆风一侧移动 100 mm 左右，以保证边缘加热足够。当风力大于 5 级时，应停止施工。

8.6.1.4 旧路面加热宽度一般应比再生宽度每侧宽 100～200 mm 左右，使接缝处的温度足够高，以保证纵缝的有效热连接。

8.6.1.5 当希望降低加热温度或在气温较低条件下施工时，为保证拌合及压实，可通过试验，添加温拌剂。

8.6.2 路面翻松

8.6.2.1 翻松深度应均匀，深度变化时应缓慢渐变。

8.6.2.2 翻松面的温度控制在 80～100 ℃，当原路面为改性沥青时，应达到设计文件或试验段确定的温度。

8.6.3 喷洒再生剂及沥青

8.6.3.1 再生剂及沥青的喷洒应与再生复拌机行走连动，并能准确按设计用量喷洒。翻松深度有变化时，应实时调整再生剂及沥青用量。

8.6.3.2 再生剂温度应稳定，且最高温度应维持在厂家推荐范围内。

8.6.3.3 沥青温度应稳定，且最高温度分别按基质沥青 120 ℃和改性沥青 160 ℃控制。

8.6.3.4 再生剂及沥青应均匀喷入翻松的旧沥青混合料中。

8.6.4 搅拌

8.6.4.1 应保证再生沥青混合料拌和均匀，特别是掺加新沥青混合料的更应控制均匀性。

8.6.4.2 施工中，应使用测温仪器检测搅拌完成的再生沥青混合料的温度，以便及时调整加热速度和加热强度。

8.6.5 摊铺

8.6.5.1 再生沥青混合料的摊铺温度不得低于：基质沥青 120 ℃，改性沥青 140 ℃。

8.6.5.2 摊铺应匀速行进，速度宜控制在 1.5 m/min～3.5 m/min。混合料摊铺应均匀，避免出现裂纹、离析等现象。

8.6.5.3 摊铺时应尽可能加强熨平板振捣，提高再生混合料的初始密实度，减少热量散失，保证压实温度。

8.6.5.4 注意控制松铺系数，确保纵向接缝平顺。

8.6.5.5 如果施工中使用新沥青混合料，应采取合理措施确保新沥青混合料摊铺时的温度。

8.6.5.6 采用复拌加铺时，加铺层每侧应比再生层窄 2～3 cm。

8.7 压实

8.7.1 应使用双钢轮振动压路机、轮胎压路机等压实机具。振动压路机不宜小于 13 t，轮胎压路机不宜小于 22 t。

8.7.2 碾压应紧跟摊铺进行，在不粘轮的前提下，宜减少洒水或不洒水（轮胎压路机），以减少温度散失，保证压实温度。

8.7.3 对大型压路机无法碾压的部位，应选用小型振动压路机或振动夯板压实。

8.7.4 碾压时应将驱动轮面向摊铺机，直线段从两侧向中心碾压，曲线段从内侧向外侧碾压。相邻碾压带应重叠 1/3 轮宽，行走速度宜控制在 2～4 km/h。

8.7.5 压路机不得在碾压区段上转向、调头、中途停留、变速或突然刹车。振动压路机在已成型路面上行驶时应关闭振动。

8.7.6 不同压实段落间应无明显界限，压路机折回处不能在同一横断面，应形成阶梯形。

8.7.7 其他规定按《公路沥青路面施工技术规范》JTG F40 执行。

8.8 横纵接缝处理

应尽量减少由于施工间断出现的横向接缝。次日施工时应选择平整度合格、表面质量完好的位置开始加热进行再生施工，衔接处应人工处理平整。

8.9 开放交通

压实完成后，路表温度降至50 ℃以下时方可开放交通。对于特殊路段需尽快开放交通的，应采取洒水降温的方法快速降温。

8.10 施工质量管理

8.10.1 一般规定

8.10.1.1 就地热再生施工质量管理参照 JTG F40、JTG F80/1 和本标准执行。
8.10.1.2 就地热再生应加强施工过程的质量控制，实行动态质量管理。

8.10.2 施工过程质量管理与检查

8.10.2.1 就地热再生正式施工前须完成试验路段总结报告，并获得开工指令。
8.10.2.2 就地热再生施工过程质量检查的项目与频度按表4要求执行。

表 4 就地热再生施工过程质量检查的项目与频度

检查项目	检查频度	质量要求或允许偏差		试验方法
		高速公路、一级公路	二级公路	
宽度/mm	1 次/100 m	大于设计宽度		T 0911
再生厚度/mm	随时	-2，+2		T 0912
加铺厚度/mm	随时	-2，+3		T 0912
平整度最大间隙/mm	随时	≤3	≤5	T 0932
横接缝高差/mm	随时	≤3，必须压实		三米直尺间隙
纵接缝高差/mm	随时	≤3，必须压实		三米直尺间隙
再生沥青混合料摊铺温度	随时	≥120 ℃（改性沥青 140 ℃）		温度计测量
新沥青混合料温度	随时	到场温度：基质沥青 140 ℃ 改性沥青 160 ℃		温度计测量
再生剂用量	每天 1 次	适时调整、总量控制		每天计算
再生沥青混合料沥青含量	每天 1 次	设计值 0~0.3%	设计值 0~0.4%	T 0722，T 0735
空隙率、马歇尔稳定度&流值	每天 1 次			T 0702，T 0709
浸水马歇尔试验	必要时	符合 JTG F40 的要求		T 0702，T 0709
车辙试验	原路面表面层和添加的材料有变化时			T 0719
压实度（最大理论相对密度）代表值	单车道 1 点/200 m	≥93%		T 0924，JTG F40
外观	随时	表面平整密实，无明显轮迹、裂痕、摊挤、油包、离析等缺陷		

8.11 施工安全管理

8.11.1 制订完善的安全教育制度，安全教育内容应符合工程实际，应全面，包括材料运输安全、施工现场交通安全、施工安全、设备操作安全、人员安全、夜间设备停放安全、设备转移安全等。开工前应对全体施工人员进行施工安全教育，施工过程中应经常检查安全制度落实情况。

8.11.2 建立完善的安全生产责任体制，项目经理为第一安全责任人，配备足够的专职安全员，每一个环节既有人负责，又有人监督，建立起全员安全责任体系。

8.11.3 针对可能出现的各种安全事故制订详细的处理预案。

8.11.4 就地热再生施工前，应将施工方案、施工交通组织以及施工安全保障方案等报知道路管理部门和交管部门，争取相关部门配合和指导。

8.11.5 安全生产标志、标牌应符合现行有关规范要求，符合交管部门的要求。

8.11.6 交通安全设施的现场摆放应符合工程实际，但摆放标准不得低于现行有关规范要求。

8.11.7 夜间设备停放现场应配备足够的照明设备，在一定范围内，应摆放足够数量的闪烁警示灯。

8.12 检查与验收

8.12.1 就地热再生工程质量检查与验收参照 JTG F40、JTG F80/1 及本标准进行。

8.12.2 就地热再生工程的检查和验收应满足表 5 的要求，试验方法按照 JTG E60 执行。

表 5 就地热再生工程检查和验收项目与频度

检查项目	检查频度	质量要求或允许偏差		试验方法
宽度/mm	每 50 m 一处	大于设计宽度		T 0911
再生厚度/mm	每 250 m 一点	±5% H		T 0912
加铺厚度/mm	每 250 m 一点	±5% H		T 0912
渗水系数/(mL·min^{-1})	每 250 m 一点	≤150		T 0912
平整度标准差/mm	全线连续	高速公路、一级公路	≤1.5	T 0932
		其他等级公路	≤2.5	
外观	随时	表面平整密实，无明显轮迹、裂痕、推挤、油包、离析等缺陷		目测
压实度（最大理论相对密度）代表值	每 250 m 一点	≥93%		T 0924

注：H 为再生厚度。

附 录 A
（规范性附录）
旧路面调查

A.1 旧路面基本资料调查

A.1.1 收集旧路面资料，主要包括旧路面宽度、厚度、结构类型、级配、材料和施工工艺等资料。

A.1.2 养护历史调查，主要包括：
a) 各种养护的原因、时间、类型、位置、规模以及具体实施过程中采用的方法、材料类型、数量及应用范围。
b) 是否有碎石封层、稀浆封层或微表处、封缝和热塑塑胶类标线等。

A.2 旧路面损坏状况调查

A.2.1 按照JTG H20规定的方法对旧路面进行损坏状况调查。

A.2.2 病害调查时，应详细记录各个路面病害的位置（包括路面横向位置和纵向桩号）、类型、严重程度以及损坏长度或面积，并绘制出路面病害分布图。

A.3 旧路面强度调查

路面结构强度宜采用贝克曼梁或自动检测设备检测。自动检测时，宜采用具有可靠数据标定关系的自动化检测设备，检测结果应能换算成我国相关技术规定的回弹弯沉值。采用自动检测设备时，每20 m一点；采用贝克曼梁检测时，检测点数应不少于20 点/车道公里。

A.4 旧路面平整度检测

路面平整度宜采用快速自动化检测设备进行检测，亦可采用近一年内相关单位的检测结果。当能够判定对旧路面是否采取养护措施不取决于路面平整度时，可以不进行检测。

A.5 旧路面抗滑性能检测

路面抗滑性能宜采用基丁横向力系数的路面抗滑性能检测设备或其他具有可靠数据标定关系的自动化检测设备进行检测，亦可采用近一年内相关单位的检测结果。当能够判定对旧路面是否采取养护措施不取决于路面抗滑性能时，可以不进行检测。

A.6 旧路面车辙检测

路面车辙宜采用快速自动化检测设备进行检测；当条件不具备时，可以采用三米直尺进行人工检测。路面车辙深度数据应以10 m为单位保存。

A.7 旧路面基层状况调查

用取芯机钻探或人工挖坑的方法对旧路面基层进行取样检测，重点调查路面有损坏的位置基层的完整性，全面掌握损坏状况、数量、位置并分析损坏原因，以便制定养护对策以及就地热再生前需挖补的位置和数量。

A.8 旧沥青面层混合料调查

按照一定频率，采用小型加热机、取芯机或切割机对沥青路面面层进行取样，对旧路面沥青混合料进行室内试验分析，检测旧路面沥青混合料的质量，包括含水率、沥青含量、矿料级配、回收旧沥青的各项技术指标等。具体步骤与方法按附录B进行。

A.9 影响敏感点调查

对影响就地热再生施工的设施进行调查。如沿线桥梁、下水井盖、路缘石、防护设施、加油（气）站、路两侧的绿化设施等，以便提前做好施工技术方案。

附 录 B
（规范性附录）
沥青混合料回收料（RAP）取样与试验分析

B.1 现场取样

B.1.1 取样频率和方法：
a) 分析路面结构和路面维修记录，根据路面面层情况是否相同或相近，将全施工路段划分为若干个子路段，每个子路段长度不宜大于1 000 m，且不宜小于500 m，或每个子路段面积不大于10 000 m²，且不宜小于2 000 m²。
b) 按照《公路路基路面现场测试规程》JTG E60 随机取样方法确定取样点位置。

B.1.2 按以下方法进行表面层沥青混合料取样：
a) 采用人工挖掘或机械切割等方法，或采用加热松散取样等方法。取样应尽可能减少骨料破坏，切割取样时边长不宜小于30 cm，在试验时应将切割面附近材料去除；加热松散取样应尽可能减少取样对旧路面沥青产生老化。
b) 根据需要，取得足够数量的沥青混合料回收料（RAP）。每个取样点一般不少于20 kg，如需进行混合料物理力学试验，一般不少于50 kg。试验后多余部分留存备用，直至确定不再需要试验时方可丢弃。
c) 取样完毕后，应将取样坑槽用沥青混合料填平压实，保证行车安全。

B.2 试样缩分

B.2.1 分料器法：将试样拌匀，通过分料器分成大致相等的两份，再取其中的一份分成两份，缩分至需要的数量为止。

B.2.2 四分法：将所取试样置于平板上，在自然状态下拌合均匀，大致摊平，然后从摊平的试样中心沿互相垂直的两个方向把试样向两边分开，分成大致相等的四份，取其中对角的两份重新拌匀，重复上述过程，直至缩分至所需的数量。

B.3 沥青混合料回收料（RAP）评价

B.3.1 含水率

根据烘干前后沥青混合料回收料（RAP）质量的变化，按照式（B.1）计算含水率。试验方法参照《公路工程集料试验规程》JTG E42 T 0305，烘箱加热温度调整为60 ℃恒温，改性沥青80 ℃。

$$w_0 = \frac{m_w - m_d}{m_d} \times 100\% \quad\quad\quad (B.1)$$

式中

w_0——含水率（%）；

m_w——沥青混合料回收料质量，单位为克（g）；

m_d——沥青混合料回收料烘干至恒重的质量，单位为克（g）。

B.3.2 沥青混合料回收料（RAP）的沥青含量和性质

B.3.2.1 按照JTG E20中T 0726 阿布森法从沥青混合料回收料中回收沥青。如果采用其他方法，需要进行重复性和复现性试验，并进行空白沥青标定。

B.3.2.2 检测沥青含量和回收沥青25 ℃针入度、60 ℃黏度、软化点、15 ℃延度（改性沥青为5 ℃）。

B.3.2.3 具有下列情形之一的，应进行空白沥青标定：更换阿布森沥青回收设备时；更换三氯乙烯品种或供应商时；回收沥青性能异常时；沥青混合料来源发生变化时。

B.3.2.4 精度与允许误差应要求：
   a) 重复性试验的允许误差为：针入度≤5（0.1 mm），黏度≤平均值的10%，软化点≤2.5 ℃。
   b) 复现性试验的允许误差为：针入度≤10（0.1 mm），黏度≤平均值的15%，软化点≤5.0 ℃。
   c) 如果超出允许误差范围，则应弃置回收沥青，重新标定、回收。

B.3.3 沥青混合料回收料（RAP）的矿料级配和集料性质

B.3.3.1 将抽提试验后得到的矿料烘干，待矿料降到室温后，用标准方孔筛进行筛分试验，采用水洗法筛分，确定沥青混合料回收料（RAP）中的旧矿料级配。

B.3.3.2 沥青混合料回收料（RAP）中集料的性质，应按照相关规范规程进行检测。

附 录 C
（规范性附录）
就地热再生沥青混合料配合比设计方法

C.1 一般规定

C.1.1 本方法适用于就地热再生沥青混合料的配合比设计。根据再生方案的不同，可分为复拌型和加铺型再生沥青混合料配合比设计。两种设计均需根据旧沥青老化情况掺加再生剂或新沥青。

C.1.2 须在沥青混合料回收料（RAP）试验分析的基础上，根据公路等级、工程要求、气候条件、交通条件等因素，充分借鉴成功经验，进行再生沥青混合料配合比设计。

C.1.3 以沥青混合料回收料（RAP）中的矿料与新矿料的合成级配作为级配设计依据。矿料级配范围，以及混合料的技术要求和性能，应符合《公路沥青路面施工技术规范》JTG F40、《公路工程沥青及沥青混合料试验规程》JTG E20和《公路工程集料试验规程》JTG E42的规定。

C.1.4 在确定再生沥青混合料性能指标时，以再生沥青混合料的技术指标作为控制指标，再生沥青等材料的技术指标由于受到条件限制，可不作为控制指标。

C.1.5 就地热再生沥青混合料配合比设计应通过试验路段进行检验。

C.1.6 就地热再生沥青混合料目标配合比设计宜按照图C.1的步骤进行。

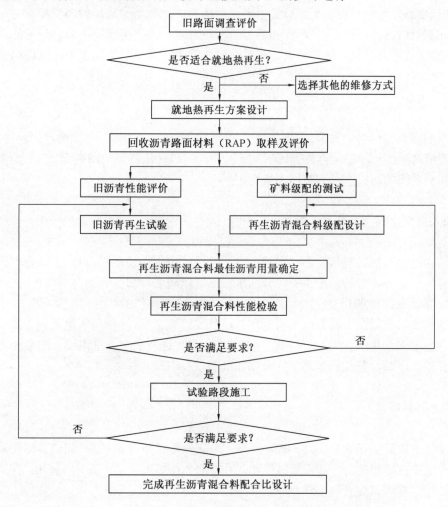

图 C.1 就地热再生沥青混合料配合比设计流程

C.2 确定工程设计级配范围

在规定的级配范围内，根据公路等级、工程性质、交通特点、材料品种等因素，通过对条件大体相当的工程使用情况进行调查研究后确定，特殊情况下允许超出规范要求级配范围。经确定的工程设计级配范围是配合比设计的依据，不得随意变更。

C.3 矿料级配设计

C.3.1 根据沥青混合料回收料（RAP）矿料级配和按要求拟定的设计级配范围，确定是否需要掺加新矿料（以沥青混合料的方式掺加）、新矿料比例及其级配。

C.3.2 当再生沥青混合料矿料级配不满足级配要求时，应综合考虑再生厚度、新矿料的掺配比例和级配、再生沥青性能、再生沥青混合料性能等，调整级配范围。

C.3.3 就地热再生因其100%利用原路面旧料，有时为矫正路面车辙等变形，需要添加新沥青混合料，新沥青混合料的掺配率应根据原路面的实际情况而定。

C.4 确定旧沥青再生目标标号

C.4.1 应根据气候条件和当地的工程经验等诸多因素确定，一般与原路面的沥青相同。

C.4.2 原路面的车辙较为严重，再生沥青的标号可取正常施工要求范围的下限，或降低一个等级。

C.4.3 原路面的裂缝较为严重，再生沥青的标号可取正常施工要求范围的上限，或提高一个等级。

C.5 确定再生剂用量

用试配法对旧沥青进行再生试验。将再生剂按等间隔的比例掺入旧沥青，检测再生沥青的三大指标，绘制变化曲线，用内插法初步确定再生剂用量，宜以针入度和软化点为控制指标，延度为参考。在满足再生沥青技术指标要求的前提下，宜少用再生剂。

C.6 计算新加入集料比例

原有沥青路面混合料的矿料级配不一定符合设计目标的级配曲线范围，再加上沥青路面就地热再生施工中铣刨会破坏一部分大骨料，产生一部分细集料，所以需要在旧沥青混合料中加入一部分新集料，合成后的级配应满足设计要求。

根据国内其他成功应用沥青路面就地热再生的经验及研究成果，经热再生机组施工后钻芯取样抽提试验表明：铣刨会导致细集料的增加，一般在0.075 mm筛孔这一挡上，室内设计结果相比现场取芯抽提结果通过率要低。所以，新加入集料不宜再添加机制砂及矿粉。

C.7 计算新加入沥青用量

就地热再生工艺中除使用再生剂外，还需额外加入部分新的沥青。这部分新沥青以两种方式加入沥青混合料中，一部分在拌和站与新加入集料拌和，另一部分在机组（复拌机）中喷入。拌和站中与新集料拌和的沥青用量经室内试验及现场预拌综合确定。

除在拌和站与新加入石料拌和的新沥青外，还需在再生机组中加入新沥青，此部分沥青的用量计算是重点。

(1) 再生机组中加入新沥青的计算：

$$A_2 = H - H_1 - G_2 - Z - A_1 \qquad (式1)$$

式中

A_2——再生机组中加入的新沥青用量；
H——目标再生后混合料总量；
H_1——旧沥青路面混合料重量；
G_2——新加入集料用量；
Z——再生剂；
A_1——拌和站中随集料拌和的新沥青用量。

(2) 目标再生后混合料总量的计算：

$$H = (G_1 + G_2) / (1 - A_4) \qquad (式2)$$

式中

G_1——旧沥青路面混合料中集料量；
G_2——新掺入集料量；
A_4——再生后沥青混合料最佳沥青用量。

$$G_1 = H_1 \times (1 - S - A_3) \qquad (式3)$$

式中

H_1——旧沥青路面混合料重量；
S——旧沥青路面含水率；
A_3——旧沥青路面抽提沥青含量。

(3) 新加入集料量的计算：

$$G_2 = [G_1 / (1 - \alpha)] \times \alpha \qquad (式4)$$

式中

α——新加入集料占目标总集料的比例。

(4) 再生剂的计算：

$$Z = G_1 \times A_3 \times \beta \qquad (式5)$$

式中

β——再生剂掺入比例。

(5) 拌和站中随集料拌和的新沥青用量：

$$A_1 = G_2 \times 1.5\% \qquad (式6)$$

C.8 预估再生沥青混合料的最佳沥青用量

C.8.1 再生沥青混合料中的沥青包括沥青混合料回收料中所含的沥青、再生剂及新添加的沥青。用马歇尔试验确定最佳沥青用量。

C.8.2 初步估算沥青用量，以一定间隔（建议采用0.2%~0.4%），取5个或5个以上不同的用量进行检验。估算公式见式（C.1）。

$$Q = \frac{m_o + m_{ra} + m_n}{m_c} \times 100\% \qquad (C.1)$$

式中

Q——再生沥青混合料初始沥青含量（%）；
m_o——旧料沥青质量，单位为千克（kg）；
m_{ra}——再生剂质量，单位为千克（kg）；

m_n——初步确定新沥青质量,单位为千克(kg);
m_c——再生沥青混合料质量,单位为千克(kg)。

C.8.3 再生沥青混合料性能存在一定的变异性,宜适当增加成型试件的数量,一般情况下,每个配合比的试件数量不少于5个。

C.8.4 再生沥青混合料试件的制作温度应与施工实际温度相一致。旧料的加热温度为120～150 ℃,需掺加的再生剂可室温直接加入;新沥青的加热温度应控制在140 ℃(改性沥青为160 ℃)左右,需掺加的新料在拌合生产后应保持温度140～160 ℃(改性沥青为170～180 ℃),再生沥青混合料的拌合温度应控制在120～140 ℃(改性沥青为140～150 ℃)。

C.8.5 拌合顺序与时间。再生沥青混合料的拌合过程应该与施工工序保持一致。需掺加的新料事先拌合好并保温;在拌合锅中先加入预热的旧料,然后加入再生剂,预拌20～30 s,加入保温的新沥青混合料,搅拌1～1.5 min。

C.8.6 在试配过程中,在满足再生沥青技术指标的前提下,尽可能多用新沥青,少用再生剂。

C.8.7 掺加的新沥青的标号可选择JTG F40中规定该地区的新沥青标号;当选择掺加高标号(针入度值大的)新沥青时,可适当减少再生剂的用量。掺加的新沥青性能指标须满足JTG F40的要求。

C.9 配合比设计检验

按照JTG F40的方法进行配合比设计检验。性能检验不满足要求时,应重新进行配合比设计,直至性能指标全部满足要求。

C.10 试验路检验再生沥青混合料性能

C.10.1 就地热再生沥青混合料的性能应经试验路检验。

C.10.2 试验路检验项目主要包括:现场再生沥青的技术指标,马歇尔稳定度,再生沥青混合料的级配、动稳定度,浸水马歇尔残留稳定度,冻融劈裂强度比等,检验其是否满足设计和规范要求,以便及时进行配合比调整。